[アンサンブル楽譜]

WSEF-18-003

U.S.A.

作曲：Claudio Accatino、Donatella Cirelli、Anna Maria Gioco　編曲：郷間幹男

フレックス5（〜8）重奏

Part 1
Piccolo / Flute / Oboe / E♭ Clarinet / B♭ Clarinet / Soprano Saxophone / B♭ Trumpet

Part 2
Flute / Oboe / B♭ Clarinet / Soprano Saxophone / Alto Saxophone / B♭ Trumpet

Part 3
B♭ Clarinet / Alto Saxophone / Tenor Saxophone / B♭ Trumpet / F Horn

Part 4
B♭ Clarinet / Tenor Saxophone / F Horn / Trombone / Euphonium

Part 5
Bassoon / Bass Clarinet / Baritone Saxophone / Euphonium / Tuba / String Bass（Electric Bass）

Drums

Percussion
Tambourine, Wind Chime

Mallet
Xylophone, Glockenspiel

＊イタリック表記の楽譜はオプション

DA PUMPが2018年にリリース。楽曲やCDジャケット、ミュージックビデオの「ダサかっこよさ」で、SNSや動画サイトを中心に大ブームを巻き起こしたこの楽曲が、フレックスアンサンブル楽譜になりました！会場の盛り上げ役にもってこいの一曲です！

フレックス5(〜8)重奏
U.S.A.

Claudio Accatino / Donatella Cirelli / Anna Maria Gioco 作曲
郷間幹男 編曲

U.S.A.
Music by Claudio Accatino, Donatella Cirelli & Anna Maria Gioco
Words by Donatella Cirelli & Severino Lombardoni
© by THE SAIFAM GROUP SRL
© by EDIZIONI ZYX MUSIC S.R.L.
All rights reserved. Used by permission.
Rights for Japan administered by NICHION, INC.

ご注文について

ウィンズスコアの商品は全国の楽器店、ならびに書店にてお求めになれますが、店頭でのご購入が困難な場合、当社WEBサイト・電話からのご注文で、直接ご購入が可能です。

◎当社WEBサイトでのご注文方法

http://www.winds-score.com

上記のURLへアクセスし、WEBショップにてご注文ください。

◎お電話でのご注文方法

TEL.0120-713-771

営業時間内に電話いただければ、電話にてご注文を承ります。

※この出版物の全部または一部を権利者に無断で複製(コピー)することは、著作権の侵害にあたり、著作権法により罰せられます。

※造本には十分注意しておりますが、万一、落丁・乱丁などの不良品がありましたらお取り替えいたします。また、ご意見・ご感想もホームページより受け付けておりますので、お気軽にお問い合わせください。

Part 1 (in C)

フレックス5(〜8)重奏
U.S.A.

Claudio Accatino / Donatella Cirelli / Anna Maria Gioco 作曲
郷間幹男 編曲

MEMO

U.S.A.

フレックス5(〜8)重奏

Claudio Accatino / Donatella Cirelli / Anna Maria Gioco 作曲
郷間幹男 編曲

Part 1
E♭ Clarinet

Part 1
B♭ Trumpet

フレックス5(〜8)重奏
U.S.A.

Claudio Accatino / Donatella Cirelli / Anna Maria Gioco 作曲
郷間幹男 編曲

MEMO

Part 2 (in C)

フレックス5(～8)重奏
U.S.A.

Claudio Accatino / Donatella Cirelli / Anna Maria Gioco 作曲
郷間幹男 編曲

MEMO

MEMO

MEMO

MEMO

U.S.A.

Part 4
Trombone

フレックス5(〜8)重奏

Claudio Accatino / Donatella Cirelli / Anna Maria Gioco　作曲
郷間幹男　編曲

MEMO

Part 5 (in C)

フレックス5(〜8)重奏
U.S.A.

Claudio Accatino / Donatella Cirelli / Anna Maria Gioco 作曲
郷間幹男 編曲

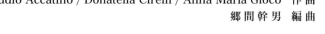

U.S.A.

Part 5
Baritone Saxophone

フレックス5(〜8)重奏
U.S.A.

Claudio Accatino / Donatella Cirelli / Anna Maria Gioco　作曲
郷間幹男　編曲

Part 5
Euphonium

フレックス5(〜8)重奏
U.S.A.

Claudio Accatino / Donatella Cirelli / Anna Maria Gioco　作曲
郷間幹男　編曲

Part 5
Tuba

フレックス5(〜8)重奏
U.S.A.

Claudio Accatino / Donatella Cirelli / Anna Maria Gioco 作曲
郷間幹男 編曲

MEMO

U.S.A.

Drums

フレックス5(〜8)重奏

Claudio Accatino / Donatella Cirelli / Anna Maria Gioco 作曲
郷間幹男 編曲

MEMO

Percussion
Tambourine, Wind Chime

フレックス5(〜8)重奏
U.S.A.

Claudio Accatino / Donatella Cirelli / Anna Maria Gioco 作曲
郷間幹男 編曲

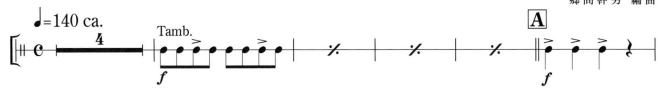
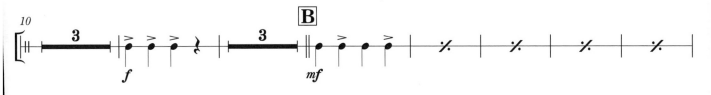

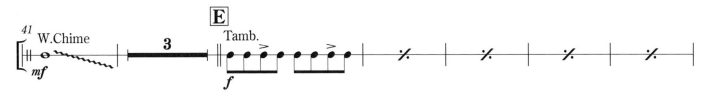

Mallet
Xylophone, Glockenspiel

フレックス5(〜8)重奏
U.S.A.

Claudio Accatino / Donatella Cirelli / Anna Maria Gioco　作曲
郷間幹男　編曲